21 世纪高职高专财经类规划教材

山东省潍坊市第二十次社会科学优秀成果二等奖（2012 年）

会计基础与实务（第 3 版）
操作裁剪用凭证

（与《会计基础与实务（第 3 版）》共同销售）

杨桂洁　主编
王建军　西德国　宋菡君　副主编
侯秉文　主审

人民邮电出版社
POSTS & TELECOM PRESS

一、教学模拟案例凭证（滨海有限责任公司）

（1）

接受投资收据

20×5 年 12 月 1 日　　　　第 3 号

投资单位：宏利有限责任公司		投资日期：20×5 年 12 月 1 日		
投资项目（名称）	原　　值	评估价值	投资期限	备　　注
货币资金		200 000		
投资金额合计人民币（大写）：贰拾万元整				¥200 000

接受单位：滨海有限责任公司　　　　制单：周明

（印章：滨海有限责任公司 150201000130047 发票专用章）

图 B2.7　原始凭证№1-1

中国工商银行进账单（收账通知）

20×5 年 12 月 1 日　　　　第 41 号

收款人	全　　称	滨海有限责任公司	付款人	全　　称	宏利有限责任公司
	账　　号	86476532		账　　号	62212738
	开户银行	工商银行新兴路支行		开户银行	潍坊银行开发区支行

人民币（大写）：贰拾万元整	百	十	万	千	百	十	元	角	分
	¥	2	0	0	0	0	0	0	0

票据种类	转账支票	收款人开户行盖章
票据张数	1 张	
单位主管　　复核		
会　　计　　记账		

（印章：工行潍坊支行 20×5.12.01 收讫）

图 B2.8　原始凭证№1-2

（2）

借款借据（收账通知）

20×5 年 12 月 2 日　　　　借款编号：06

贷款单位名称	滨海有限责任公司	贷款单位账号	86476532
贷款金额	人民币（大写）：叁拾万元整		
贷款用途	生产经营	期限	3 年
还款期限	20×8 年 12 月 2 日	利率	8%

百	十	万	千	百	十	元	角	分
¥	3	0	0	0	0	0	0	0

上列贷款已批准发放，转入你单位存款账户。此致

贷款单位　　（银行签章）

单位分录：

（借）

（贷）

主管　　会计　　复核　　记账

20×5 年 12 月 2 日

（印章：工行潍坊支行 20×5.12.02 收讫）

图 B2.9　原始凭证№2

（3）

捐赠资产交接单

20×5 年 12 月 3 日　　　　第 4 号

捐赠单位（人）	李林	接受单位（人）	滨海有限责任公司	
捐赠资产名称	原始价值	评估确认价值	已提折旧	预计使用年限
机器设备		180 000		10 年
合计人民币（大写）：壹拾捌万元整				
备　注：				

图 B2.10　原始凭证№3

（4）

山东增值税专用发票

3700082140　　发票联　山东省　　№00186598

开票日期：　20×5 年 12 月 4 日

购货单位	名　　称：滨海有限责任公司 纳税人识别号：№150201000130047 地址、电　话：山东省北海市滨海路 27 号　3758659 开户行及账号：中国工商银行新兴路支行 86476532				密码区	略	
货物或应税劳务名称	规格型号	计量单位	数量	单价	金　额	税率	税　额
甲材料 合　计		千克	3 000	20	¥60 000.00	16%	9 600.00
价税合计（大写）	陆万玖仟陆佰元整					（小写）¥69 600.00	
销货单位	名　　称：北海有限责任公司 纳税人识别号：№123098250902894 地址、电　话：山东省北海市新兴路 7 号　3724064 开户行及账号：中国工商银行金水支行 90289431				备注		

收款人：吴红　复核：李明　开票人：刘一　销货单位：（章）

第二联　抵扣联　购货方扣税凭证

图 B2.11　原始凭证№4-1

山东增值税专用发票

3700082140　　发票联　山东省　　№00186598

开票日期：　20×5 年 12 月 4 日

购货单位	名　　称：滨海有限责任公司 纳税人识别号：№150201000130047 地址、电　话：山东省北海市滨海路 27 号　3758659 开户行及账号：中国工商银行新兴路支行 86476532				密码区	略	
货物或应税劳务名称	规格型号	计量单位	数量	单价	金　额	税率	税　额
甲材料 合　计		千克	3 000	20	¥60 000.00	16%	9 600.00
价税合计（大写）	陆万玖仟陆佰元整					（小写）¥69 600.00	
销货单位	名　　称：北海有限责任公司 纳税人识别号：№123098250902894 地址、电　话：山东省北海市新兴路 7 号　3724064 开户行及账号：中国工商银行金水支行 90289431				备注		

收款人：吴红　复核：李明　开票人：刘一　销货单位：（章）

第三联　发票联　购货方记账凭证

图 B2.12　原始凭证№4-2

收 料 单

供货单位：北海有限责任公司　　　　　　　　　　材料类别：原材料

发票号码：0028637　　　　20×5年12月4日　　　　材料仓库：3

材料编号	材料名称(规格)	单位	数量		实际成本											
			应收	实收	单价	发票价格	运杂费	金额								
								百	十	万	千	百	十	元	角	分
	甲材料	千克	3 000	3 000	20.00	60 000			¥	6	0	0	0	0	0	0
	合　计								¥	6	0	0	0	0	0	0
备注：								附单据1张								

核算：（印）　　主管：（印）　　保管：（印）　　检验：（印）　　交库：（印）

图 B2.13　原始凭证№4-3

中国工商银行转账支票存根（鲁）

支票号码：2265868

科　　目＿＿＿＿＿＿＿＿＿＿＿＿

对方科目＿＿＿＿＿＿＿＿＿＿＿＿

签发日期 20×5年12月4日

收款人：北海有限责任公司
金　额：69 600.00
用　途：购材料
备　注：

单位主管　　　　会计

复　　核　　　　记账

图 B2.14　原始凭证№4-4

（5）

潍坊市电视台发票

客户名称：滨海有限责任公司　　　　20×5年12月5日　　　　№12589

品　名	项　目	金额							
		十	万	千	百	十	元	角	分
	产品广告费		¥	6	0	0	0	0	0
合计人民币（大写）	陆仟元整	¥6 000.00							

第二联　发票联

复核：　　　　　　　　开票：李兴

图 B2.15　原始凭证№5-1

中国工商银行转账支票存根（鲁）

支票号码 2265869

科　　目＿＿＿＿＿＿＿＿＿＿

对方科目＿＿＿＿＿＿＿＿＿＿

签发日期　　年　　月　　日

收款人：
金　额：
用　途：
备　注：

单位主管　　　　　　会计

复　　核　　　　　　记账

图 B2.16　原始凭证№5-2

（6）

山东增值税专用发票

3700082140　　　　记账联　　　　№00286258

山 东 省　　　　开票日期：　20×5 年 12 月 5 日

购货单位	名　　称：南方经贸有限责任公司 纳税人识别号：№150201012656819 地址、电　话：山东省东平市汇海路 27 号　8566742 开户行及账号：中国工商银行城区支行 68717984				密码区	略	
货物或应税劳务名称	规格型号	计量单位	数量	单价	金　　额	税率	税　　额
A 产品 合　计		件	1 000	380	¥380 000.00	16%	60 800.00
价税合计（大写）	肆拾肆万零捌佰元整					（小写）¥440 800.00	
销货单位	名　　称：滨海有限责任公司 纳税人识别号：№150201000130047 地址、电　话：山东省北海市滨海路 27 号　3758659 开户行及账号：中国工商银行新兴路支行 86476532				备注	滨海有限责任公司 150201000130047 发票专用章	

第一联　记账联　销货方记账凭证

收款人：李红　　复核：李天　　开票人：刘明　　销货单位：（章）

图 B2.17　原始凭证№6

（7）

中国工商银行现金支票存根（鲁）

支票号码 1226586

科　　目＿＿＿＿＿＿＿＿

对方科目＿＿＿＿＿＿＿＿

签发日期　年　月　日

收款人：
金　额：
用　途：
备　注：

单位主管　　　　会计

复　　核　　　　记账

图 B2.18　原始凭证№7

（8）

专用收款收据

收款日期：　　　　20×5 年 12 月 7 日　　　　№0028620

付款单位（交款人）	滨海有限责任公司	收款单位（领款人）	地震灾区捐款委员会									收款项目	捐款
人民币（大写）	壹拾万元整	千	百	十	万	千	百	十	元	角	分	结算方式	
			¥	1	0	0	0	0	0	0	0	转账	
收款事由	捐款	经办										部门	
												人员	
上述款项照数收讫无误。收款单位财会专用章（领款人签章）	会计主管（签章）	稽核（签章）										出纳（签章）	交款人（签章）

第三联 给付款单位做收据

地震灾区捐款委员会 财务专用章

图 B2.19　原始凭证№8-1

中国工商银行转账支票存根（鲁）

支票号码 2265879

科　　目＿＿＿＿＿＿＿＿

对方科目＿＿＿＿＿＿＿＿

签发日期 20×5 年 12 月 7 日

收款人：地震灾区捐款委员会
金　额：100 000.00
用　途：捐款
备　注：

单位主管　　　　会计

复　　核　　　　记账

图 B2.20　原始凭证№8-2

（9）

借　款　单

20×5 年 12 月 7 日　　　　第 39 号

借款人	王林	借款原因	出差
借款金额	人民币（大写）：陆佰元整		¥600.00
领导审批	同意 张涛	归还方式	出差返回即刻报账

财务负责人：李明　　　　借款人签字：王林

第三联 财务记账

图 B2.21　原始凭证№9

（10）

<table>
<tr><td colspan="12">中国工商银行进账单（收账通知）
20×5 年 12 月 8 日　　第 42 号</td></tr>
<tr><td rowspan="3">收款人</td><td>全　称</td><td></td><td rowspan="3">付款人</td><td>全　称</td><td colspan="7"></td></tr>
<tr><td>账　号</td><td></td><td>账　号</td><td colspan="7"></td></tr>
<tr><td>开户银行</td><td></td><td>开户银行</td><td colspan="7"></td></tr>
<tr><td colspan="5">人民币（大写）：</td><td>百</td><td>十</td><td>万</td><td>千</td><td>百</td><td>十</td><td>元</td></tr>
<tr><td colspan="2">票据种类</td><td></td><td colspan="9" rowspan="4">工行潍坊支行
20×5.12.8
收讫
收款人开户行盖章</td></tr>
<tr><td colspan="2">票据张数</td><td></td></tr>
<tr><td colspan="2">单位主管</td><td>复核</td></tr>
<tr><td colspan="2">会　计</td><td>记账</td></tr>
</table>

图 B2.22　原始凭证№10

（11）

中国工商银行转账支票存根（鲁）

支票号码 2265873

科　目________________

对方科目________________

签发日期 20×5 年 12 月 9 日

收款人：海明有限责任公司
金　额：92 704.00
用　途：购材料
备　注：

单位主管　　会计

复　核　　记账

图 B2.23　原始凭证№11-1

山东增值税专用发票

3700082140　　（印章：全国统一发票监制章 山东省 国家税务局监制）发票联　　№02245825

开票日期：　20×5 年 12 月 9 日

<table>
<tr><td rowspan="4">购货单位</td><td colspan="5">名　称：滨海有限责任公司</td><td rowspan="4">密码区</td><td colspan="2" rowspan="4">略</td></tr>
<tr><td colspan="5">纳税人识别号：№150201000130047</td></tr>
<tr><td colspan="5">地址、电　话：山东省北海市滨海路 27 号 3758659</td></tr>
<tr><td colspan="5">开户行及账号：中国工商银行新兴路支行 86476532</td></tr>
<tr><td colspan="2">货物或应税劳务名称</td><td>规格型号</td><td>计量单位</td><td>数量</td><td>单价</td><td>金　额</td><td>税率</td><td>税　额</td></tr>
<tr><td colspan="2">甲材料
乙材料
合　计</td><td></td><td>千克
千克</td><td>2 000
4 000</td><td>19.9
9.9</td><td>39 800.00
39 600.00
¥79 400.00</td><td>16%
16%</td><td>6 368.00
6 336.00
¥12 704.00</td></tr>
<tr><td colspan="3">价税合计（大写）</td><td colspan="4">玖万贰仟壹佰零肆元整</td><td colspan="2">（小写）¥ 92 104.00</td></tr>
<tr><td rowspan="4">销货单位</td><td colspan="5">名　称：海明有限责任公司</td><td rowspan="4">备注</td><td colspan="2" rowspan="4">（印章：海明有限责任公司 126112170114325 发票专用章）</td></tr>
<tr><td colspan="5">纳税人识别号：№126112170114325</td></tr>
<tr><td colspan="5">地址、电　话：山东省东方市新兴路 73 号 91462784</td></tr>
<tr><td colspan="5">开户行及账号：中国工商银行永兴路支行 83857256</td></tr>
</table>

第三联　发票联　购货方记账凭证

收款人：方明　复核：李一　开票人：刘青　销货单位：（章）

图 B2.24　原始凭证№11-2

汽车运输公司发票

托运单位：海明有限责任公司　　20×5年12月9日　　№0001235

货物名称	单　位	数　量	运距（公里）	单位运价	金额							
					十	万	千	百	十	元	角	分
甲、乙材料	千克	6 000	100	0.001			¥	6	0	0	0	0
合计人民币（大写）	陆佰元整			¥600.00								

图 B2.25　原始凭证№11-3

收　料　单

供货单位：海明有限责任公司　　材料类别：原材料

发票号码：　　20×5年12月9日　　材料仓库：1

材料名称（规格）	计量单位	数量		实际成本												
		应收	实收	单价	发票价格	运杂费	合计									
							百	十	万	千	百	十	元	角	分	
甲材料	千克	2 000	2 000	19.9	39 800	200		¥	4	0	0	0	0	0	0	
合　计								¥	4	0	0	0	0	0	0	
备注：																

核算：（印）　主管：（印）　保管：（印）　检验：（印）　交库：（印）

图 B2.26　原始凭证№11-4

收　料　单

供货单位：　　材料类别：原材料

发票号码：　　年　月　日　　材料仓库：2

材料名称（规格）	计量单位	数量		实际成本											
		应收	实收	单价	发票价格	运杂费	合计								
							百	十	万	千	百	十	元	角	分
合　计															
备注：															

核算：（印）　主管：（印）　保管：（印）　检验：（印）　交库：（印）

图 B2.27　原始凭证№11-5

材料采购费用分配表

20×5年12月9日

分配对象	分配标准	分配率	分配额
甲材料	2 000		200
乙材料	4 000		400
合　计	6 000	0.1	600

图 B2.28　原始凭证№11-6

（12）

中国工商银行现金支票存根（鲁）

支票号码 1226587

科　　目________________

对方科目________________

签发日期 20×5年12月10日

收款人：滨海有限责任公司
金　额：43 780.00
用　途：发放工资
备　注：

单位主管　　　　会计

复　　核　　　　记账

图 B2.29　原始凭证№12

（13）

工资结算表

20×5年12月10日

产品部门	计时工资	工资性津贴	奖金	应扣工资		应付工资
				事假	病假	
A产品生产人员	14 870	1 490	1 420	30	50	17 700
B产品生产人员	12 590	1 450	1 150	40	270	14 880
车间管理人员	4 800	160	620	60	20	5 500
行政管理人员	4 700	310	730	40		5 700
合　　计	36 960	3 410	3 920	170	340	43 780

图 B2.30　原始凭证№13

（14）

<table>
<tr><th colspan="9">领 料 单</th></tr>
<tr><td colspan="9">领用单位：生产车间　　20×5 年 12 月 10 日　　1 号仓库　　编号：053</td></tr>
<tr><td>用途</td><td colspan="3">生产 A 产品</td><td>产品批量</td><td colspan="2"></td><td>订单号</td><td></td></tr>
<tr><td rowspan="2">材料类别</td><td rowspan="2">材料编号</td><td rowspan="2">材料名称</td><td rowspan="2">规格</td><td rowspan="2">计量单位</td><td colspan="2">数 量</td><td rowspan="2">单价</td><td rowspan="2">金额</td></tr>
<tr><td>请领</td><td>实发</td></tr>
<tr><td></td><td></td><td>甲材料</td><td></td><td>千克</td><td>6 000</td><td>6 000</td><td>20</td><td>120 000</td></tr>
<tr><td></td><td></td><td></td><td></td><td></td><td></td><td></td><td></td><td></td></tr>
<tr><td colspan="3">合　计</td><td colspan="5">壹拾贰万元整</td><td>120 000</td></tr>
<tr><td>备注</td><td colspan="8"></td></tr>
</table>

核算：（印）　主管：（印）　发料：（印）　主管：（印）　领料：（印）

二 财务存

图 B2.31　原始凭证№14-1

<table>
<tr><th colspan="9">领 料 单</th></tr>
<tr><td colspan="9">领用单位：生产车间　　20×5 年 12 月 10 日　　2 号仓库　　编号：054</td></tr>
<tr><td>用途</td><td colspan="3">生产 B 产品</td><td>产品批量</td><td colspan="2"></td><td>订单号</td><td></td></tr>
<tr><td rowspan="2">材料类别</td><td rowspan="2">材料编号</td><td rowspan="2">材料名称</td><td rowspan="2">规格</td><td rowspan="2">计量单位</td><td colspan="2">数 量</td><td rowspan="2">单价</td><td rowspan="2">金额</td></tr>
<tr><td>请领</td><td>实发</td></tr>
<tr><td></td><td></td><td>乙材料</td><td></td><td>千克</td><td>20 000</td><td>20 000</td><td>10</td><td>200 000</td></tr>
<tr><td></td><td></td><td></td><td></td><td></td><td></td><td></td><td></td><td></td></tr>
<tr><td colspan="3">合　计</td><td colspan="5">贰拾万元整</td><td>200 000</td></tr>
<tr><td>备注</td><td colspan="8"></td></tr>
</table>

核算：（印）　主管：（印）　发料：（印）　主管：（印）　领料：（印）

二 财务存

图 B2.32　原始凭证№14-2

<table>
<tr><th colspan="9">领 料 单</th></tr>
<tr><td colspan="9">领用单位：　　年　月　日　　3 号仓库　　编号：055</td></tr>
<tr><td>用途</td><td colspan="3"></td><td>产品批量</td><td colspan="2"></td><td>订单号</td><td></td></tr>
<tr><td rowspan="2">材料类别</td><td rowspan="2">材料编号</td><td rowspan="2">材料名称</td><td rowspan="2">规格</td><td rowspan="2">计量单位</td><td colspan="2">数 量</td><td rowspan="2">单价</td><td rowspan="2">金额</td></tr>
<tr><td>请领</td><td>实发</td></tr>
<tr><td></td><td></td><td></td><td></td><td></td><td></td><td></td><td></td><td></td></tr>
<tr><td></td><td></td><td></td><td></td><td></td><td></td><td></td><td></td><td></td></tr>
<tr><td colspan="3">合　计</td><td colspan="5"></td><td></td></tr>
<tr><td>备注</td><td colspan="8"></td></tr>
</table>

核算：（印）　主管：（印）　发料：（印）　主管：（印）　领料：（印）

二 财务存

图 B2.33　原始凭证№14-3

（15）

收款收据（三联单）

年　月　日　　　　№6703520

交款单位或交款人		收　款方　式	
事　由______________　人民币（大写）　¥__________			备注：

收款单位（章）　　　　收款人（签章）

第三联　记账依据

图 B2.34　原始凭证№15-1

差旅费结算单

20×5 年 12 月 11 日

姓　名	王林	出差详细地点		平安市	出差具体事由	开会	日期	12 月 7 日起 12 月 11 日止
乘火车费	自　站至　站			金额	274.00	说明：		
乘汽车费	自　站至　站			金额	56.00			
乘飞机费	自　站至　站			金额				
行李运费	千克	每千克　元		金额				
出差补助	5 天	定额 10.00		金额	50.00			
旅 馆 费	4 天	单价 40.00		金额	160.00			
其　他				金额				
合计金额	小写	¥540.00				单位负责人	张涛	出差人 王林
	大写	伍佰肆拾元整						

附单据　张

图 B2.35　原始凭证№15-2

（16）

工商业企业统一发票

发票联

№0012658

购货单位：滨海有限责任公司　　　　开票日期：20×5 年 12 月 12 日

货号	品名规格	单位	数量	单价	万	千	百	十	元	角	分	备注
	纸　夹	个	50	4.00		¥	2	0	0	0	0	
	圆珠笔	支	30	2.00			¥	6	0	0	0	
	笔记本	本	60	3.00		¥	1	8	0	0	0	
合计	人民币（大写）：肆佰肆拾元整				¥440.00							

填票人：　　收款人：　　单位：（盖章）潍坊商业大厦财务章

全国统一发票监制章　山东省　地方税务局监制

潍坊商业大厦　财务专用章

第二联　发票联

图 B2.36　原始凭证№16

（17）

工商银行特种转账凭证（代付款通知）

20×5 年 12 月 12 日

<table>
<tr><td rowspan="3">收款单位</td><td>全　称</td><td>永兴有限责任公司</td><td rowspan="3">付款单位</td><td>全　称</td><td colspan="9">滨海有限责任公司</td><td rowspan="5">附件
张</td></tr>
<tr><td>账号或地址</td><td>83864526</td><td>账号或地址</td><td colspan="9">86476532</td></tr>
<tr><td>开户银行</td><td>中国工商银行开发区支行</td><td>开户银行</td><td colspan="9">中国工商银行新兴路支行</td></tr>
<tr><td rowspan="2">金额</td><td colspan="4" rowspan="2">人民币（大写）：壹拾陆万元整</td><td>百</td><td>十</td><td>万</td><td>千</td><td>百</td><td>十</td><td>元</td><td>角</td><td>分</td></tr>
<tr><td>¥</td><td>1</td><td>6</td><td>0</td><td>0</td><td>0</td><td>0</td><td>0</td><td>0</td></tr>
<tr><td>转账原因</td><td colspan="2">偿还到期的商业汇票款</td><td colspan="12">科目
对方科目

复核员　　　　记账员</td></tr>
</table>

工行潍坊支行
20×5.12.12
付讫
银行盖章

图 B2.37　原始凭证№17

（18）

借款借据（收账通知）

年　月　日　　　　贷款编号：37689

<table>
<tr><td>贷款单位名称</td><td colspan="2"></td><td>贷款单位账号</td><td colspan="9"></td></tr>
<tr><td rowspan="2">贷 款 金 额</td><td colspan="3" rowspan="2">人民币（大写）：</td><td>百</td><td>十</td><td>万</td><td>千</td><td>百</td><td>十</td><td>元</td><td>角</td><td>分</td></tr>
<tr><td></td><td></td><td></td><td></td><td></td><td></td><td></td><td></td><td></td></tr>
<tr><td>贷款用途</td><td colspan="3"></td><td>期限</td><td colspan="8"></td></tr>
<tr><td>还款期限</td><td colspan="3"></td><td>利率</td><td colspan="8"></td></tr>
<tr><td colspan="2">上列贷款已批准发放，转入你单位存款账户。
此致
贷款单位
（银行签章）</td><td colspan="11">单位分录：
（借）
（贷）
主管　　会计　　复核　　记账
年　月　日</td></tr>
</table>

图 B2.38　原始凭证№18

（19）

中华人民共和国
税收缴款书

经济类型：国有企业　　填制日期 20×5 年 12 月 14 日　　征收机关：市国税局

预算科目	款　项		缴款人	全　称	滨海有限责任公司
	级　次			账　号	86476532
	收缴金库	市国库		开户银行	中国工商银行新兴路支行
税款所属时期：20×5 年 11 月			税款限缴日期：20×5 年 12 月 10 日		

品目名称	课税数量	计税金额或销售收入	税率或单位税额	已缴或扣除额	百	十	万	千	百	十	元	角	分
					实缴金额								
增值税		1 571 246.25	16%	100 199.40	¥	1	5	1	2	0	0	0	0
金额合计（大写）：壹拾伍万壹仟贰佰元整					¥	1	5	1	2	0	0	0	0

缴款单位（人）（印章）经办人（章）	税务机关（印章）填票人（章）	上列款项已收妥并划转收单位账户。收款银行（印章）20×5 年 12 月 14 日	备注：

第一联（收据）国库收款盖章后退缴款单位作完税凭证

图 B2.39　原始凭证№19-1

中华人民共和国
税收缴款书

经济类型：国有企业　　填制日期 20×5 年 12 月 14 日　　征收机关：市国税局

预算科目	款　项		缴款人	全　称	滨海有限责任公司
	级　次			账　号	86476532
	收缴金库	市国库		开户银行	中国工商银行新兴路支行
税款所属时期：20×5 年 11 月			税款限缴日期：20×5 年 12 月 10 日		

品目名称	课税数量	计税金额或销售收入	税率或单位税额	已缴或扣除额	百	十	万	千	百	十	元	角	分
					实缴金额								
所得税		144 000	25%			¥	3	6	0	0	0	0	0
金额合计（大写）：叁万陆仟元						¥	3	6	0	0	0	0	0

缴款单位（人）（印章）经办人（章）	税务机关（印章）填票人（章）	上列款项已收妥并划转收单位账户。收款银行（印章）20×5 年 12 月 14 日	备注：

第一联（收据）国库收款盖章后退缴款单位作完税凭证

图 B2.40　原始凭证№19-2

（20）

山东增值税专用发票

3700082140　　发票联　山东省　　№00286268

开票日期：20×5 年 12 月 15 日

购货单位	名　　称：东风有限责任公司 纳税人识别号：№150201012219727 地址、电　话：山东省东平市文化路 57 号　8107893 开户行及账号：中国工商银行复兴路支行 83857241				密码区	略	
货物或应税劳务名称	规格型号	计量单位	数量	单价	金　额	税率	税　额
B 产品 合　计		辆	120	3 300	396 000.00 ¥396 000.00	16%	63 360.00 ¥63 360.00
价税合计（大写）	肆拾伍万玖仟叁佰陆拾元整						（小写）¥459 360.00
销货单位	名　　称：滨海有限责任公司 纳税人识别号：№150201000130047 地址、电　话：山东省北海市滨海路 27 号　3758659 开户行及账号：中国工商银行新兴路支行 86476532				备注	滨海有限责任公司 150201000130047 发票专用章	

收款人：李红　　复核：李天　　开票人：刘明　　销货单位：（章）

第一联　记账联　销货方记账凭证

图 B2.41　原始凭证№20-1

中国工商银行进账单（收账通知）

20×5 年 12 月 15 日　　第 44 号

收款人	全　称	滨海有限责任公司	付款人	全　称	东风有限责任公司
	账　号	86476532		账　号	83857241
	开户银行	中国工商银行新兴路支行		开户银行	中国工商银行复兴路支行

人民币（大写）：肆拾伍万玖仟叁佰陆拾元整

百	十	万	千	百	十	元	角	分
¥	4	5	9	3	6	0	0	0

票据种类	转账支票	工行潍坊支行 20×5.12.15 收讫 收款人开户行盖章
票据张数	1 张	
单位主管　　复核		
会计　　记账		

图 B2.42　原始凭证№20-2

（21）

中国工商银行转账支票存根（鲁）

支票号码 2265875

科　　目________

对方科目________

签发日期 20×5 年 12 月 16 日

收款人：××银行
金　额：100 000.00
用　途：归还新兴有限责任公司货款
备　注：

单位主管　　会计

复　　核　　记账

图 B2.43　原始凭证№21

（22）

中国工商银行转账支票存根（鲁）

支票号码 2265876

科　　目________

对方科目________

签发日期 20×5 年 12 月 17 日

收款人：市机电维修公司
金　额：1 000.00
用　途：机器设备维修
备　注：

单位主管　　会计

复　　核　　记账

图 B2.44　原始凭证№22-1

工商业企业统一发票

购货单位：滨海有限责任公司　　　　20×5 年 12 月 17 日

货号	品名规格	单位	数量	单价	金额 十	万	千	百	十	元	角	分	备注
	机器设备维修					¥	1	0	0	0	0	0	
合计	人民币（大写）：壹仟元整					¥	1	0	0	0	0	0	

第三联　发票联

东方有限责任公司
126301540116981
发票专用章

图 B2.45　原始凭证№22-2

（23）

增值税专用发票

记账联

开票日期：　　年　　月　　日　　　　№00286253

购货单位	名称				纳税人登记号			
	地址、电话				开户银行及账号			
货物或应税劳务名称		计量单位	数量	单价	金额（百 十 万 千 百 十 元 角 分）	税率(%)	税额（百 十 万 千 百 十 元 角 分）	
合计								
价税合计（大写）					¥			
销货单位	名称				纳税人登记号			
	地址、电话				开户银行及账号			
备注								

收款人：　　复核：　　开票人：　　销货单位：（章）

第一联　记账联　销货方记账凭证

图 B2.46　原始凭证№23-1

商业承兑汇票

汇票号码　SC2458

签发日期 20×5 年 12 月 18 日　　　　第 015 号

收款人	全称	滨海有限责任公司		付款人	全称	东风有限责任公司	
	账号	86476532			账号	83857241	
	开户银行	中国工商银行新兴路支行	行号		开户银行	中国工商银行复兴路支行	行号

汇票金额	人民币（大写）：伍拾叁万壹仟壹佰捌拾元整	百	十	万	千	百	十	元	角	分
		¥	5	3	1	1	8	0	0	0
汇票到期日	20×6 年 3 月 18 日	交易合同号码								

本汇票已经本单位承兑，到期日无条件支付票款。
此致
收款人　　付款人盖章
负责：　　经办　　年　月　日

汇票签发人盖章
负责　　经办

东风有限责任公司
财务专用

图 B2.47　原始凭证№23-2

（24）

山东增值税专用发票

3700082140　　发票联　山东省　　№02066688

开票日期：20×5年12月20日

购货单位	名　　称：滨海有限责任公司 纳税人识别号：№150201000130047 地址、电　话：山东省北海市滨海路27号 3758659 开户行及账号：中国工商银行新兴路支行 86476532					密码区	略	
货物或应税劳务名称	规格型号	计量单位	数量	单价	金　额	税率	税　额	
乙材料 丙材料 合　计		千克 件	8 000 5 000	10 15	80 000.00 75 000.00 ¥155 000.00	16% 16%	12 800.00 12 000.00 ¥24 800.00	
价税合计（大写）	壹拾柒万玖仟捌佰元整						（小写）¥179 800.00	
销货单位	名　　称：海明有限责任公司 纳税人识别号：№126112170114325 地址、电　话：山东省东方市新兴路73号 91462784 开户行及账号：中国工商银行永兴路支行 83857256					备注	海明有限责任公司 126112170114325 发票专用章	

收款人：方明　复核：李一　开票人：刘青　销货单位：（章）

第三联　发票联　购货方记账凭证

图 B2.48　原始凭证№24-1

商业承兑汇票　　汇票号码　SC3631

签发日期20×5年12月20日　　第065号

收款人	全　称	海明有限责任公司	付款人	全　称	滨海有限责任公司	
	账　号	83857256		账　号	86476532	
	开户银行	中国工商银行永兴路支行　行号		开户银行	中国工商银行新兴路支行　行号	
汇票金额	人民币（大写）：壹拾捌万壹仟叁佰伍拾元整					千 百 十 万 千 百 十 元 角 分 ¥ 1 8 1 3 5 0 0 0
汇票到期日	20×6年3月20日		交易合同号码			
本汇票已经本单位承兑，到期日无条件支付票款。此致 收款人　付款人盖章 负责：　经办　年　月　日			汇票签发人盖章 滨海有限责任公司 财务专用章 负责　经办			

图 B2.49　原始凭证№24-2

收　料　单

供货单位：东方有限责任公司　　材料类别：原材料

发票号码：0066688　　20×5年12月20日　　材料仓库：2

材料名称（规格）	单位	数量 应收	数量 实收	单价	发票价格	运杂费	合计 百	十	万	千	百	十	元	角	分
乙材料	千克	8 000	8 000	10	80 000			¥	8	0	0	0	0	0	0
合　计								¥	8	0	0	0	0	0	0
备　注															

核算：（印）　主管：（印）　保管：（印）　检验：（印）　交库：（印）

图 B2.50　原始凭证№24-3

收 料 单

供货单位：东方有限责任公司　　　　　　　　　　　　　　　　　材料类别：原材料

发票号码：0066688　　　　　　20×5 年 12 月 20 日　　　　　　　材料仓库：3

材料名称（规格）	计量单位	数量		实际成本											
		应收	实收	单价	发票价格	运杂费	合计								
							百	十	万	千	百	十	元	角	分
丙材料	件	5 000	5 000	15	75 000			¥	7	5	0	0	0	0	0
合　计								¥	7	5	0	0	0	0	0
备　注															

核算：（印）　　主管：（印）　　保管：（印）　　检验：（印）　　交库：（印）

图 B2.51　原始凭证№24-4

（25）

山东增值税专用发票

3700082140　　　　发票联　　　　№02065590

（印章：全国统一发票监制章　山东省　国家税务局监制）

开票日期：　20×5 年 12 月 22 日

购货单位	名　　称：滨海有限责任公司 纳税人识别号：№150201000130047 地址、电　话：山东省北海市滨海路 27 号 3758659 开户行及账号：中国工商银行新兴路支行 86476532	密码区	略

货物或应税劳务名称	规格型号	计量单位	数量	单价	金　额	税率	税　额
电		度	10 000	0.5	5 000.00	16%	800.00
合　计					¥5 000.00	16%	¥800.00
价税合计（大写）	伍仟捌佰元整				（小写）¥5 800.00		

销货单位	名　　称：潍坊市电力公司 纳税人识别号：№122616780156981 地址、电　话：山东省潍坊市新兴路 33 号 3692567 开户行及账号：中国工商银行管城区支行 86217747	备注	（印章：潍坊市电力公司 122616780156981 发票专用章）

收款人：刘明　　复核：李言　　开票人：刘青　　销货单位：（章）

第三联　发票联　购货方记账凭证

图 B2.52　原始凭证№25-1

中国工商银行转账支票存根（鲁）

支票号码 2265877

科　　目＿＿＿＿＿＿

对方科目＿＿＿＿＿＿

签发日期 20×5 年 12 月 22 日

收款人：潍坊市电力公司
金　额：5 800.00
用　途：电费
备　注：

单位主管　　会计

复　　核　　记账

图 B2.53　原始凭证№25-2

（26）

山东增值税专用发票

3700082140　　发票联　山东省　　№02028578

开票日期：20×5 年 12 月 22 日

购货单位	名称：滨海有限责任公司 纳税人识别号：№150201000130047 地址、电话：山东省北海市滨海路 27 号 3758659 开户行及账号：中国工商银行新兴路支行 86476532					密码区	略
货物或应税劳务名称	规格型号	计量单位	数量	单价	金额	税率	税额
自来水		m^3	3 000	1.20	3 600.00	16%	360.00
合计					¥3 600.00	16%	¥360.00
价税合计（大写）	叁仟玖佰陆拾元整				（小写）¥3 960.00		
销货单位	名称：潍坊市自来水公司 纳税人识别号：№122634280132568 地址、电话：山东省潍坊市胜利路 3 号 37125845 开户行及账号：中国工商银行金水区支行 82858709					备注	潍坊市自来水公司 22634280132568 发票专用章

收款人：刘开　复核：李天　开票人：刘月　销货单位：（章）

第二联 发票联 购货方记账凭证

图 B2.54　原始凭证№26-1

中国工商银行转账支票存根（鲁）

支票号码 2265878

科　目__________

对方科目__________

签发日期 20×5 年 12 月 22 日

收款人：市自来水公司
金　额：3 960.00
用　途：自来水费
备　注：

单位主管　　会计

复　核　　记账

图 B2.55　原始凭证№26-2

（27）

服务业统一发票

客户单位：滨海有限责任公司　　20×5 年 12 月 26 日

项目	单位	数量	单价	十	万	千	百	十	元	角	分	备注
办公用品					¥	2	0	0	0	0	0	
人民币（大写）：贰仟元整					¥	2	0	0	0	0	0	

大华有限责任公司 123098250167359 发票专用章

第二联 发票联

图 B2.56　原始凭证№27

（28）

山东增值税专用发票

3700082140　　　　发票联　山东省　　　　№00228626

全国统一发票监制章　国家税务局监制

开票日期：20×5 年 12 月 28 日

购货单位	名称：东风有限责任公司 纳税人识别号：№150201012219727 地址、电话：山东省东平市文化路 57 号 8107893 开户行及账号：中国工商银行复兴路支行 83857241					密码区	略
货物或应税劳务名称	规格型号	计量单位	数量	单价	金额	税率	税额
甲材料 合计		千克	1 000	30	30 000.00 ¥30 000.00	16%	4 800.00 ¥4 800.00
价税合计（大写）	叁万肆仟捌佰元整				（小写）¥34 800.00		
销货单位	名称：滨海有限责任公司 纳税人识别号：№150201000130047 地址、电话：山东省北海市滨海路 27 号 3758659 开户行及账号：中国工商银行新兴路支行 86476532				备注	滨海有限责任公司 150201000130047 发票专用章	

收款人：李红　　复核：李天　　开票人：刘明　　销货单位：（章）

第一联　记账联　销货方记账凭证

图 B2.57　原始凭证№28-1

中国工商银行进账单（收账通知）

20×5 年 12 月 28 日　　　　第 44 号

收款人	全称	滨海有限责任公司	付款人	全称	东风有限责任公司
	账号	86476532		账号	83857241
	开户银行	中国工商银行新兴路支行		开户银行	中国工商银行复兴路支行

人民币（大写）：叁万肆仟捌佰元整	百	十	万	千	百	十	元	角	分
		¥	3	4	8	0	0	0	0

票据种类	转账支票	工行潍坊支行 20×5.12.28 收讫　收款人开户行盖章
票据张数	1 张	
单位主管　会计	复核　记账	

图 B2.58　原始凭证№28-2

（29）

财产盘盈、盘亏报告单

部门：仓库　　20×5 年 12 月 30 日　　第 03 号

财产名称	单位	盘盈			盘亏			原因
		数量	单价	金额	数量	单价	金额	
甲材料	千克	30	20	600				待查
B 产品	辆				1	2 220	2 220	待查
领导批示	先调账，进一步查明原因后再行处理　王林　12 月 30 日							

主管：李立　　　　制单：王平

图 B2.59　原始凭证№29

（30）

财产清查处理意见

我厂月末盘点发现甲材料盘盈 30 千克，计 600 元；B 产品盘亏一辆，计 2 220 元。经核查，原因已明并进行处理。甲材料系自然升溢，由本企业转销；B 产品盘亏系被盗，作本企业损失。

滨海有限责任公司

20×5 年 12 月 30 日

图 B2.60　原始凭证№30

（31）

固定资产折旧计算表

20×5 年 12 月 31 日　　（单位：元）

使用部门	本月应计折旧固定资产原值	折 旧 率	折 旧 额
生产用固定资产	4 400 000	0.6%	26 400
非生产用固定资产	2 000 000	0.43%	8 600
合 计	6 400 000		35 000

审核：张丽　　制单：王平

图 B2.61　原始凭证№31

（32）

工资费用分配汇总表

20×5 年 12 月 31 日　　（单位：元）

车间、部门		应分配金额	备 注
车间生产工人工资	A 产品负担	17 700	
	B 产品负担	14 880	
生产管理人员工资		5 500	
行政管理人员工资		5 700	
合 计		43 780	

审核：张丽　　制单：王平

图 B2.62　原始凭证№32

（33）

职工保险费计算表

20×5 年 12 月 31 日　　（单位：元）

车间、部门 \ 费用项目		工 资 总 额	应计提的保险费（16%）	备 注
基本生产车间	A 产品	17 700		
	B 产品	14 880		
车间管理部门		5 500		
行政管理部门		5 700		
合 计		43 780		

审核：张丽　　制单：王平

图 B2.63　原始凭证№33

（34）

制造费用分配表

20×5 年 12 月 31 日　（单位：元）

应借科目		分配标准（生产工时）	分配率	应分配金额	备注
生产成本	A 产品	8 000			
	B 产品	12 000			
合计		20 000			

审核：张丽　制单：王平

图 B2.64　原始凭证№34

（35）

完工产品成本计算单

20×5 年 12 月 31 日　（单位：元）

成本项目	A 产品（2 000 件）		B 产品（160 辆）	
	总成本	单位成本	总成本	单位成本
直接材料				
直接人工				
制造费用				
合计				

审核：张丽　制单：王平

图 B2.65　原始凭证№35-1

产成品入库单　第 06 号

交库单位：生产车间　20×5 年 12 月 31 日　仓库 02 号

产品名称	规格与型号	质量等级	单位	数量	单位成本	金额	备注
A 产品		优	件	2 000			
B 产品		优	辆	160			
合计							

验收：李明　制单：王珊

图 B2.66　原始凭证№35-2

（36）

销售成本计算表

20×5 年 12 月 31 日　（单位：元）

名称	单位	销售数量	单位成本	销售成本	备注
A 产品	件				
B 产品	辆				
合计					

审核：张丽　制单：王平

图 B2.67　原始凭证№36

（37）

销售成本计算表

20×5年12月31日　　（单位：元）

名　称	单　位	销售数量	单位成本	销售成本	备　注
甲材料	千克				
合　计					

审核：张丽　　制单：王平

图 B2.68　原始凭证№37

（38）

应交城市维护建设税计算表

20×5年12月31日　　（单位：元）

项　目	计税依据	适用税率	税　额
应交城市维护建设税		7%	
合　计			

审核：张丽　　制单：王平

图 B2.69　原始凭证№38-1

应交教育费附加计算表

20×5年12月31日　　（单位：元）

项　目	计税依据	适用税率	税　额
应交教育费附加		3%	
合　计			

审核：张丽　　制单：王平

图 B2.70　原始凭证№38-2

（39）

损益类账户发生额汇总表

20×5年12月31日　　（单位：元）

收入账户	发生额	支出账户	发生额
主营业务收入		主营业务成本	
投资收益		税金及附加	
其他业务收入		管理费用	
营业外收入		销售费用	
		财务费用	
		其他业务成本	
		营业外支出	
合　计		合　计	

审核：张丽　　制单：王平

图 B2.71　原始凭证№39

（40）

应交所得税计算表

20×5 年 12 月 31 日　　　　（单位：元）

项　目	计税依据（本月利润总额）	税　率	税　额
应交所得税		25%	
合　计			

审核：张丽　　　　制单：王平

图 B2.72　原始凭证№40

（41）

盈余公积计算表

20×5 年 12 月 31 日　　　　（单位：元）

项　目	计 提 比 例	金　额	备　注
净利润	—		
法定盈余公积	10%		
合　计			

审核：张丽　　　　制单：王平

图 B2.73　原始凭证№41

（42）

利润分配计算表

20×5 年 12 月 31 日　　　　（单位：元）

项　目	计 提 比 例	金　额	备　注
净利润	—		
应付利润	40%		
合　计			

审核：张丽　　　　制单：王平

图 B2.74　原始凭证№42

二、综合模拟案例凭证（泰山有限责任公司）

山东省增值税专用发票

发票联

No5432132

开票日期：20×5年12月03日

购货单位	名称：山东泰山有限责任公司 纳税人识别号：370102169354239 地址 电话：山东省济南市 0531-88954536 开户银行及账号：中国银行济南市历下区支行 0101020304				密码区	略	
货物或应税劳务名称	规格型号	单位	数量	单价	金额	税率	税额
A 材料		千克	5 000	20	100 000.00	16%	16 000.00
合　计					100 000.00		16 000.00
价税合计（大写）	人民币拾壹万陆仟元整				（小写）¥ 116 000.00		
销货单位	名称：新海股份有限公司 纳税人识别号：370705639548781 地址 电话：山东省潍坊市 0536-4600077 开户银行及账号：中国银行潍坊市幸福街支行 0102023256				注		

第三联 发票联 购货方记账凭证

收款人：潘悦　复核：张秀贵　开票人：张如倩　销货单位：（章）

新海股份有限公司 370705639548781 发票专用章

图 C4.1　原始凭证 C4.1

发票号码：5432131

收 料 单

供应单位：新海股份有限公司　收料单编号：963631

材料类别：　20×5年12月03日　收料仓库：材料库

编号	名称	规格	单位	数量		实际成本					备注
				应收	实收	买价		运杂费	其他	合计	
						单价	金额				
	A 材料		千克	5 000	5 000	20	100 000.00	200.00		100 200.00	
合　计							100 000.00	200.00		100 200.00	

②会计记账联

主管：赵宏　检验员：郑一　保管员：温暖　会计：王芸

图 C4.2　原始凭证 C4.2

山东省公路运输发票

20×5年12月3日

发货单位：新海股份有限公司

发站：潍坊站		到站：济南站	
货物名称	数量（千克）	类别	金额（元）
A 材料	5 000	运杂费	200.00
合计金额（大写）：人民币贰佰元整			
收货单位：山东泰山有限责任公司		经办人：温暖	

长江顺达物流公司 670705639548782 发票专用章

图 C4.3　原始凭证 C4.3

中国银行

转账支票存根（鲁）

10403720
01018031

附加信息

出票日期：20×5 年 12 月 03 日

收款人：新海股份有限责任公司
金 额：¥116 200.00
用 途：采购 A 材料

单位主管：　　　　会计：

图 C4.4　原始凭证 C4.4

中国银行委托收款凭证（汇款依据或收款通知）4

委托日期 20×5 年 12 月 04 日

付款人	全　称	光明公司	收款人	全　称	山东泰山有限责任公司
	账　号	8306613222		账　号	0101020304
	开户银行	中国银行文化路支行		开户银行	中国银行济南市历下区支行

托收金额	人民币（大写）	陆拾捌万元整	千	百	十	万	千	百	十	元	角	分
				¥	6	8	0	0	0	0	0	0

款项内容	货款	托收凭证名称	销售合同	附寄单证张数	1 张
商品发运情况	已发运		合同名称号码		

备注：

复核　　记账

上列款项已划回收入你方账户内。
收款人开户银行签章
20×5 年 12 月 04 日

（印章：中行济南支行 20×5.12.04 04763 收讫）

图 C4.5　原始凭证 C4.5

山东省增值税专用发票

发票联

№3296231

开票日期：20×5 年 12 月 08 日

（印章：全国统一发票监制章 山东省 国家税务局监制）

购货单位	名　称：山东泰山有限责任公司	密码区	略
	纳税人识别号：370102169354239		
	地 址 电 话：山东省济南市 0531-88954536		
	开户银行及账号：中国银行济南市历下区支行 0101020304		

货物或应税劳务名称	规格型号	单位	数量	单价	金额	税率	税额
B 材料		千克	2 000	12	24 000.00	16%	3 840.00
合　计					24 000.00		3 840.00
价税合计（大写）	人民币贰万柒仟捌佰肆拾元整						（小写）¥ 27 840.000

销货单位	名　称：潍坊大华有限责任公司	备注
	纳税人识别号：37070564532453	
	地 址 电 话：山东省潍坊市 0536-2600137	
	开户行及账号：中国银行潍坊市四平路支行　0102023232	

（印章：潍坊大华有限责任公司 37070564532453 发票专用章）

收款人：刘亮　　复核：萧雄　　开票人：王梅　　销货单位：（章）

第三联　发票联　购货方记账凭证

图 C4.6　原始凭证 C4.6

中国银行

转账支票存根（鲁）

10403720
01018032

附加信息

出票日期：20×5 年 12 月 08 日

收款人：潍坊大华有限责任公司
金　额：¥27 840.00
用　途：采购 B 材料

单位主管：　　　　　　会计：

图 C4.7　原始凭证 C4.7

工资结算汇总表

制作单位：山东泰山有限责任公司　　　20×5 年 12 月　　　（单位：元）

部门	项目	基本工资	岗位工资	各种补贴	生产奖金	应付工资	代扣款项	实发工资
生产车间	生产工人	70 000	12 200	5 900	5 380	93 480	9 910	83 570
	管理人员	33 000	4 400	2 200	4 280	43 880	5 410	38 470
	小　计	103 000	16 600	8 100	9 660	137 360	15 320	122 040
管理部门		56 000	9 500	5 200	3 200	73 900	9540	64 360
销售部门		36 000	6 000	3 200	3 220	48 420	5610	42 810
合　计		195 000	32 100	16 500	16 080	259 680	30 470	229 210

图 C4.8　原始凭证 C4.8

中国银行

转账支票存根（鲁）

10403720
01018078

附加信息

出票日期：20×5 年 12 月 09 日

收款人：山东泰山有限责任公司 员工工资账户
金　额：¥ 229 210.00
用　途：支付工资

单位主管：　　　　　　会计：

图 C4.9　原始凭证 C4.9

收 料 单

发票号码：3296231

供应单位：潍坊大华有限责任公司　　　　收料单编号：93634

材料类别：　　　　20×5年12 月10日　　　　收料仓库：材料库

编号	名称	规格	单位	数量		实际成本					备注
				应收	实收	买价		运杂费	其他	合计	
						单价	金额				
	B材料		千克	2 000	2 000	12	24 000.00			24 000.00	
合　计							24 000.00			24 000.00	

②会计记账联

主管：刘辉　　检验员：郑一　　保管员：温暖　　会计：王芸

图 C4.10　原始凭证 C4.10

领 料 单

领料单位：生产车间　　　　编号：625137

用　　途：生产甲产品　　20×5年12月11日　　仓库：材料库

材料编号	材料名称及规格	计量单位	数量		成本		备注
			请领	实领	单位成本	金额	
	A 材料	千克	10 000	10 000			
	B 材料	千克	4 000	4 000			
	C 材料	千克	3 500	3 500			

领料单位负责人：刘辉　　领料人：赵洋　　发料人：刘静　　制单：孟红伟

图 C4.11　原始凭证 C4.11

山东增值税专用发票

记账联

（全国统一发票监制章　山东省　国家税务局监制）

№ 096872114

开票日期：20×5年12月14日

购货单位	名　称：潍坊大华有限责任公司 纳税人识别号：37070564532453 地 址 电 话：山东省潍坊市 0536-2600137 开户行及账户：中国银行潍坊市四平路支行　0102023232					密码区	略
货物或应税劳务名称	规格型号	单位	数量	单价	金额	税率	税额
乙产品		件	1 000	300.00	300 000.00	16%	48 000.00
合　计					300 000.00		48 000.00
价税合计（大写）	人民币叁拾肆万捌仟元整				（小写）￥348 000.00		
销货单位	名　称：山东泰山有限责任公司 纳税人识别号：370102169354239 地 址 电 话：山东省济南市 0531-88954536 开户银行及账号：中国银行济南市历下区支行 0101020304					备注	山东泰山有限责任公司 370704169354239 发票专用章

第一联　记账联　销货方记账凭证

收款人：王芸　　复核：刘岚　　开票人：洪丽　　销货单位：（章）

图 C4.12　原始凭证 C4.12

商品出库单

购货单位：潍坊大华有限责任公司　　20×5年12月14日　　编号：276818

商品名称及规格	单　位	数　量
乙产品	件	1 000

会计主管：刘岚　　保管员：严谨　　记账：　　制单：温暖

图 C4.13　原始凭证 C4.13

中国银行委托收款凭证（回单）

委邮　　委托日期 20×4 年 12 月 14 日　　委托号码 567

付款人	全　称	潍坊大华有限责任公司	收款人	全　称	山东泰山有限责任公司
	账　号	0102023232		账　号	0101020304
	开户银行	中国银行潍坊市四平路支行		开户银行	中国银行济南市历下区支行
委托金额	人民币（大写）	叁拾伍万壹仟元整		千百十万千百十元角分	¥ 3 5 1 0 0 0 0 0
款项内容	货款	委托收款凭据名称：销售合同		附单证张数	1
备注：		收款单位开户行盖章 20×5年12月14日			

中行济南支行 20×5.12.14 收讫

此联是回单

图 C4.14　原始凭证 C4.14

领 料 单

领料单位：生产车间　　编号：625137

用　　途：生产乙产品　　20×5年12月20日　　仓库：材料库

材料编号	材料名称及规格	计量单位	数量		成本		备注
			请领	实领	单位成本	金额	
	A 材料	千克	2 400	2 400			
	C 材料	千克	3 600	3 600			

领料单位负责人：刘辉　　领料人：赵洋　　发料人：刘静　　制单：孟红伟

图 C4.15　原始凭证 C4.15

山东省增值税专用发票

全国统一发票监制章　记账联　山东省　国家税务局监制

№096872206

开票日期：20×5年12月29日

购货单位	名　　称：北辰机械厂 纳税人识别号：370705198901603 地 址 电 话：山东省潍坊市 0536-7600027 开户行及账户：中国工商银行东方路支行 1088000845	密码区	略

货物或应税劳务名称	规格型号	单位	数量	单价	金额	税率	税额
C 材料		千克	300	15.00	4 500.00	16%	720.00
合　计			300		4 500.00		720.00
价税合计（大写）	伍仟贰佰贰拾元整				（小写）¥5 220.00		

销货单位	名　　称：山东泰山有限责任公司 纳税人识别号：370102169354239 地 址 电 话：山东省济南市 0531-88954536 开户银行及账号：中国银行济南市历下区支行 0101020304	备注	山东泰山有限责任公司 370704169354239 发票专用章

收款人：王芸　　复核：刘岚　　票人：洪丽　　销货单位：（章）

第一联　记账联　销货方记账凭证

图 C4.16　原始凭证 C4.16

材料出库单

购货单位：北辰机械厂　　　　20×5年12月29日　　　　编号 276906

编号	名称及规格	单位	数量	单位成本	总成本	备注
	C材料	千克	300	10	3 000	多余原材料
合　计					3 000	

会计主管：刘岚　　仓库主管：赵宏　　保管：温暖　　制单：孟宏伟

图 C4.17　原始凭证 C4.17

中国银行 电划代收补充报单（收账通知）

20×5年12月29日

业务类型		委托收款（□邮划、□电划）		托收承付（□邮划、□电划）	
付款人	全　称	北辰机械厂	收款人	全　称	山东泰山有限责任公司
	账　号	1088000169685		账号或地址	0101020304
	开户银行	中国银行潍坊支行　行号 35875		开户银行	中国银行潍坊支行
托收金额	人民币（大写）	伍仟贰佰陆拾伍元整		千 百 十 万 千 百 十 元 角 分	¥ 5 2 6 5 0 0
款项内容	支付货款				
备注 验单付款 复核：　记账：		上列款项已划回，收入你方账户内。		收款人开户行盖章 年　月　日	

中行潍坊支行　20×5.12.29　收讫

此联作收款人开户银行给收款人的受理回单

图 C4.18　原始凭证 C4.18

山东省增值税专用发票

全国统一发票监制章　山东省　国家税务局监制

记账联

№ 096872111

开票日期：20×5年12月30日

第一联　记账联　销货方记账凭证

购货单位	名　称：山东光明有限责任公司 纳税人识别号：370306092854421 地址 电话：山东省淄博市 0533-8200056 开户行及账户：中国工商银行临淄支行 0102367456	密码区	略				
货物或应税劳务名称	规格型号	单位	数量	单价	金额	税率	税额
甲产品		件	1 000	500.00	500 000.00	16%	80 000.00
合　计					500 000.00		80 000.00
价税合计（大写）	人民币伍拾捌万元整				（小写）¥580 000.00		
销货单位	名　称：山东泰山有限责任公司 纳税人识别号：370102169354239 地址 电话：山东省济南市 0531-88954536 开户银行及账号：中国银行济南市历下区支行 0101020304	备注	山东泰山有限责任公司　370104169354239　发票专用章				

收款人：王芸　　复核：刘岚　　开票人：洪丽　　销货单位：（章）

图 C4.19　原始凭证 C4.19

商品出库单

购货单位：山东光明有限责任公司　　20×5 年 12 月 30 日　　编号：276812

商品名称及规格	单　　位	数　　量
甲产品	件	1 000

会计主管：刘岚　　保管员：严谨　　记账：　　制单：温暖

图 C4.20　原始凭证 C4.20

工资费用分配汇总表

20×5 年 12 月 31 日　　（单位：元）

车间及部门		应付职工薪酬——工资			应付职工薪酬——职工保险费（16%）	合计（元）
		生产工时	分配率	分配额		
一车间	甲产品工人	12 000				
	乙产品工人	8 000				
	小　计	20 000				
	车间管理人员					
管理部门						
销售部门						
合　计						

会计主管：刘岚　　复核：张山　　制单：洪丽

图 C4.21　原始凭证 C4.21

固定资产折旧计算表

20×5 年 12 月 31 日

使用部门	固定资产项目	上月折旧额	上月增加固定资产		上月减少固定资产		本月折旧额	分配费用
			原价	折旧额	原价	折旧额		
生产车间	厂房 机器设备 其他设备 小　　计	50 000 34 000 6 000 90 000					50 000 34 000 6 000 90 000	制造费用
管理部门	房屋建筑物 运输工具 小　　计	40 000 20 000 60 000					40 000 20 000 60 000	管理费用
合 计		150 000					150 000	

图 C4.22　原始凭证 C4.22

制造费用分配表

20×5 年 12 月 31 日

产品名称	生产工时（小时）	分配率	分配金额
甲产品	12 000		
乙产品	8 000		
合　　计	20 000		

图 C4.23　原始凭证 C4.23

完工产品成本计算表

20×5 年 12 月 31 日

产品名称	计量单位	产量	直接材料	直接人工	制造费用	总成本	单位成本（小数点后两位）
甲产品	件	2 400					
乙产品	件	1 600					
合　计							

验收：文君　　　　　　制表：康旭

图 C4.24　原始凭证 C4.24

产成品入库单

入库部门：　　　　20×5 年 12 月 31 日

类别	编号	名称及规格	计量单位	实收数量	单位成本	总成本	附注：
		甲产品	件	2 400			
		乙产品	件	1 600			
合　计							

制表：康旭　　　　保管：严谨　　　　检验：文君

注：一式三联，一联产成品库存单，一联交基本生产车间，一联交财务部

图 C4.25　原始凭证 C4.25

主营业务成本计算单

20×5 年 12 月 31 日

产品名称	期初结存			本期完工入库			本期销售		
	数量	单位成本	总成本	数量	单位成本	总成本	数量	单位成本	总成本
甲产品	2 100	200	420 000	2 400					
乙产品	1 206	100	120 600	1 600					

图 C4.26　原始凭证 C4.26

损益类账户结转表

20×5 年 12 月 31 日

科 目 名 称	借方发生额	贷方发生额
主营业务收入		800 000
主营业务成本	308 772.70	
税金及附加	0	
销售费用	55 198.8	
管理费用	144 246	
财务费用	0	
其他业务收入		4 500
其他业务成本	3 000	
投资收益		0
营业外收入		0
营业外支出	0	
合　计	511 217.50	804 500

图 C4.27　原始凭证 C4.27

应交所得税计算表

项　　目	计税依据（全年利润总额）	税率	税额
应交所得税		25%	
合　计			

图 C4.28　原始凭证 C4.28

本年提取盈余公积金计算表

企业名称：山东泰山有限责任公司　　　　20×5 年度

（单位：元）

项　　目	金额(小数点后两位)
本年净利润	
减：弥补企业以前年度亏损	
计提盈余公积基数	
本年应计提法定盈余公积	

会计主管：刘岚　　审核：张山　　制表：张翔

图 C4.29　原始凭证 C4.29

应付利润计算表

企业名称：山东泰山有限责任公司　　20×5 年度　　（单位：元）

上年未分配利润	本年可分配利润	可供投资者分配利润	分配比例	应付利润总额
			10%	

会计主管：刘岚　　审核：张山　　制表：张翔

图 C4.30　原始凭证 C4.30

未分配利润计算表

20×5 年 12 月 31 日　　（单位：元）

项　目	金　额
利润总额	
所得税费用	
净利润	
提取法定盈余公积	
向投资者分配现金股利	
未分配利润	

会计主管：刘岚　　审核：张山　　制表：张翔

图 C4.31　原始凭证 C4.31

会计基础与实务（第3版）

操作裁剪用凭证

21世纪高职高专财经类规划教材
部　分　已　出　版　教　材

- ❖ 管理学基础　李海峰　主编
- ❖ 人力资源管理（第2版）　吴少华　主编
- ❖ 生产运作管理（微课版）　王肇英　主编
- ❖ 电子商务基础　白东蕊　主编
- ❖ 公共关系理论与实务　吴少华　主编
- ❖ 经济学基础（第2版）　邓先娥　主编
- ❖ 经济法实务（第2版）　王琳雯　主编
- ❖ 经济法概论（第2版）　刘　磊　主编
- ❖ 金融法理论与实务（第2版）　罗艾筠　主编
- ❖ 国际贸易实务（第3版）　张燕芳　主编
- ❖ 国际贸易单证实务与操作（第2版）　徐　薇　主编
- ❖ 报检与报关实务（第2版）　熊正平　主编
- ❖ 报关实务　黄君麟　主编
- ❖ 会计基础与实务（第3版）　杨桂洁　主编
- ❖ 基础会计——理论与模拟训练　贺　宁　主编
- ❖ 成本会计（第2版）　徐晓敏　主编
- ❖ 账务会计（第2版）　贾永海　主编
- ❖ 财务会计——含企业会计准则与小企业会计准则　贾永海　主编
- ❖ 财务报告编制与分析（第2版）　赵　威　主编
- ❖ 财务会计报告分析　韩德静　主编
- ❖ 会计综合实训（第2版）　甄立敏　主编
- ❖ 金融学概论（第2版）　郭　晖　主编
- ❖ 金融基础知识（第2版）　韩宗英　主编
- ❖ 保险基础与实务（第2版）　徐　昆　主编
- ❖ 证券投资实务　孟　敬　主编
- ❖ 商务礼仪 案例与实践　王玉苓　主编

本书特色

补充会计从业资格考试相关知识点，附录模拟试题及解析，方便读者参加会计从业资格考试。

教、学、做一体化设计，单一实例贯穿全书；采用仿真凭证、账簿、报表组织教材内容；强调边学边练，除例题外，设置有“请思考”“学中做”“考考你”等栏目；课后设置知识和实务操作题目，强调知识消化和动手能力的培养。

设置两套综合模拟实训案例，方便教学中选择性使用。

利用二维码展示在线视频、实物图片、文章等学习资源，方便读者自学并拓宽视野。

提供课件、教案、参考答案、参考教学案例和模拟试卷等资料（索取方式参见“更新勘误表和配套资料索取示意图”中的示意图）。

扫　一　扫

申请教学样书
下载配套资料

人邮教育
www.ryjiaoyu.com

教材服务热线：010-81055256

反馈 / 投稿 / 推荐信箱：315@ptpress.com.cn

人邮教育服务与资源下载社区：www.ryjiaoyu.com

会计教师QQ交流群：326686259（仅限教师身份）

ISBN 978-7-115-42694-9

9 787115 426949 >

ISBN 978-7-115-42694-9
定价 48.00（附小册子）